NÉANDERTAL

JANET YOUNG

MUSÉE CANADIEN DE L'HISTOIRE
CANADIAN MUSEUM OF HISTORY

Catalogage avant publication de Bibliothèque et Archives Canada

Titre : Néandertal / Janet Young.

Noms : Young, Janet (Janet L.), auteur. Musée canadien de l'histoire, organisme de publication, institution hôte.

Collections : Collection Catalogue-souvenir; 25.

Description : Mention de collection: La collection Catalogue-souvenir, 2291-6377; 25
Catalogue d'une exposition présentée au Musée canadien de l'histoire.
Publié aussi en anglais sous le titre: Neanderthal.

Identifiants : Canadiana 20190089504
ISBN 9780660252575 (couverture souple)

Vedettes-matière : RVM :
Homme de Néanderthal—Expositions.

Classification : LCC GN285 .Y6814 2019
CDD 569.9/86—dc23

Publié par le
Musée canadien de l'histoire
100, rue Laurier
Gatineau (Québec) K1A 0M8
museedelhistoire.ca

Imprimé et relié au Canada

Conception graphique et couverture : nineSixteen Creative

Le présent ouvrage est publié dans le cadre d'une exposition originale conçue par le Muséum national d'Histoire naturelle — Musée de l'Homme (Paris) et adaptée par le Musée canadien de l'histoire, avec le soutien du gouvernement du Canada.

Image de la couverture : © Sculpture Elisabeth Daynes, *Neanderthal-La Chapelle-aux-Saints*. Photo : S. Entressangle

Table des matières

Préface

Pendant plus d'un siècle, notre compréhension de notre lointain cousin Néandertal a été faussée par l'image stéréotypée d'une brute mal dégrossie, armée d'une massue. Or, nous le savons maintenant, la réalité diffère grandement de ce portrait simpliste.

Les progrès en criminalistique et de meilleurs tests d'ADN offrent un aperçu fascinant de ce qu'a pu être la vie de Néandertal, qui a prospéré sur un vaste territoire pendant plus de 300 000 ans, malgré les fluctuations extrêmes du climat et leurs effets sur les écosystèmes.

La résilience de Néandertal s'explique en partie par son savoir-faire dans la fabrication d'outils. De pierre, d'os ou de bois, méticuleusement travaillés, parfois assemblés avec de la résine et des fibres végétales, les outils néandertaliens témoignent non seulement d'une impressionnante dextérité, mais aussi d'une pensée avancée.

Cet esprit novateur n'était guère le seul attribut que Néandertal avait en commun avec les humains et les humaines d'aujourd'hui.

Les traces de rituels d'enterrement, de la confection de bijoux et de diverses pratiques artistiques ne laissent aucun doute quant à la vie intime et culturelle, bien empreinte d'humanité, de Néandertal. Celui-ci semblait apprécier l'esthétisme et le symbolisme, se livrait à un raisonnement complexe (voire abstrait) et, vraisemblablement, avait une vision spirituelle de la vie.

En dépit de ce tableau étonnant, la représentation trompeuse de Néandertal — fondée sur des preuves incomplètes et ancrée dans la mentalité colonialiste dominante d'il y a un siècle — perdure.

À l'instar de l'exposition **Néandertal** qu'il accompagne, ce catalogue-souvenir vise à briser des mythes. Il présente avec force détails ce que la science récente a révélé au sujet d'une espèce éteinte depuis longtemps. Il retrace aussi l'évolution des perceptions antérieures de Néandertal, tant leurs origines que leur propagation, véhiculées par l'intermédiaire de scientifiques et d'artistes qui naviguaient à travers les idées préconçues de leur époque.

Enfin, ce catalogue explore diverses théories sur les raisons possibles de la disparition de Néandertal et, du même coup, sur le sort de notre propre espèce.

Jean-Marc Blais
Directeur général
Musée canadien de l'histoire

Introduction

Depuis que les archéologues du XIXe siècle ont mis au jour des vestiges de son existence, Néandertal a été dépeint comme un être primitif et simple d'esprit. Ce stéréotype, perpétué par l'art et la littérature pendant plus d'un siècle, perdure. Mais qui était vraiment Néandertal? Et comment des interprétations erronées ont-elles pu s'ancrer aussi profondément dans la culture populaire?

À mesure que nous explorons et cassons les mythes tenaces grâce aux techniques scientifiques actuelles, un vrai portrait se dégage : Néandertal était un grand chasseur, un habile artisan et, surtout, notre cousin — un être humain sociable, empathique et charitable.

Le monde de Néandertal

Néandertal a souvent été représenté à l'entrée de grottes, vivant dans un monde froid. Or, nous savons maintenant qu'il a su s'adapter à des milieux naturels variés, qu'il a adopté divers lieux d'habitation et qu'il a exploité des ressources à proximité.

L'environnement naturel

Néandertal a vécu dans de nombreux endroits en Europe, mais aussi en Asie du Sud-Ouest et centrale, il y a environ 350 000 ans et jusqu'à sa disparation, il y a quelque 35 000 ans. Son aptitude à vivre dans différents climats, alternant entre des périodes glaciaires et des températures plus chaudes, témoigne de son savoir-faire et de son adaptabilité. Son environnement a varié au cours des millénaires, passant de la forêt de feuillus à la prairie, à la toundra et au désert de glace.

Il vivait parmi de nombreux animaux sauvages. Bon nombre des espèces qui lui étaient contemporaines ont survécu jusqu'à ce jour, dont le cerf, le sanglier, le renard et le renne. Certaines ont profité d'un réchauffement climatique pour migrer vers le nord durant la plus récente période interglaciaire, l'Holocène. D'autres, comme l'ours des cavernes, le lion des cavernes, le mammouth et le rhinocéros laineux, ont toutefois disparu lorsqu'un changement climatique a transformé leur environnement. Tour à tour proies, prédateurs ou concurrents de Néandertal, ces animaux ont été sources de nourriture et de matières premières nécessaires à la fabrication d'outils et d'objets du quotidien.

Portant une fascination aux découvertes des premiers vestiges néandertaliens, les artistes du XIXe siècle ont offert des représentations imaginatives de nos lointains ancêtres. Mettant en scène à la fois des paysages idylliques et une nature hostile, leurs tableaux historiques reflètent le discours scientifique souvent contradictoire de l'époque.

La fuite devant le mammouth
Paul Jamin
Huile sur toile
1885

L'Âge de la pierre taillée : le mont Denise en éruption
Gustave Richond
Huile sur toile
1874

Néandertal et un monde en évolution

Néandertal, qui a fait son apparition à l'époque d'une glaciation étendue, s'est bien adapté à un environnement froid. S'il a connu quatre périodes glaciaires, il a aussi dû s'adapter à cinq périodes interglaciaires et trois climats intermédiaires. Il a donc vécu dans des paysages en mutation qui, sous l'effet de l'expansion et du retrait des glaciers, de la hausse et de la baisse des eaux ainsi que du déplacement des côtes, ont modifié l'accès aux terres. Malgré ces bouleversements, il a su prospérer pendant plus de 300 000 ans, sur un vaste territoire abritant des écosystèmes en constante évolution.

Les périodes interglaciaires apportaient des climats humides et tempérés. Ces climats plus chauds entre les périodes glaciaires ont fait croitre de denses forêts et naitre des prairies. Variée, la faune comprenait de gros félins préhistoriques, des ours bruns, des cerfs, des aurochs, des chevaux sauvages, des hyènes, des lions des cavernes et des bouquetins. Les périodes glaciaires étaient marquées par des températures plus froides, et l'avancée des glaciers a fini par faire naitre des prairies arides dont les arbres, peu nombreux, étaient principalement des conifères. Cet environnement glacial était favorable à une certaine faune, qui incluait le renard arctique, le renne et le lièvre variable, ainsi qu'à une mégafaune, qui comprenait le mammouth et le rhinocéros laineux.

Europe et Asie continentales

Il y a 180 000 ans
Période glaciaire

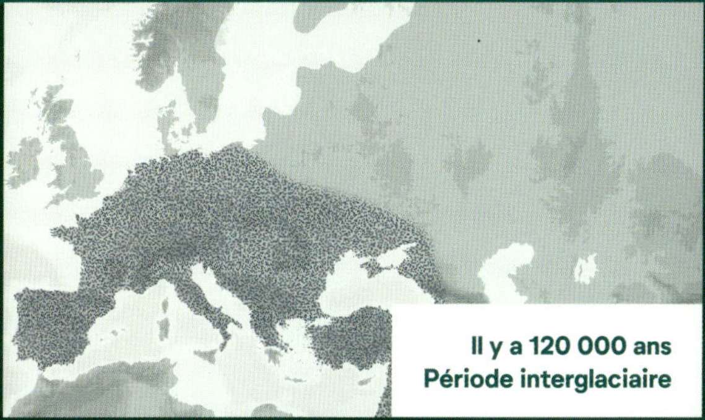

Il y a 120 000 ans
Période interglaciaire

Il y a 60 000 ans
Période glaciaire

Glaciers

Répartition de la population néandertalienne

Littoraux actuels

Le milieu bâti

S'adapter à son environnement en créant des aires dans lesquelles vivre, travailler, jouer et échanger avec d'autres : tout ceci n'est pas l'apanage des humains et des humaines des temps modernes. Néandertal a lui aussi modifié son milieu extérieur pour combler ses besoins quotidiens. Les preuves mises au jour indiquent que ses milieux bâtis étaient plus variés qu'on ne l'avait d'abord cru.

Les hommes des cavernes ne vivaient pas toujours dans des cavernes

Bien qu'il ait généralement été représenté à l'entrée de cavernes ou sous des rochers en surplomb, Néandertal a aussi construit des abris à ciel ouvert. Établis près des ressources importantes – eau, gibier, bois de chauffage et silex pour les outils –, les campements néandertaliens pouvaient inclure des auvents, des foyers, des drains ainsi que des aires pour le repos, la fabrication d'outils et l'évacuation de déchets. Le site de La Folie, une structure en plein air située près de Poitiers, en France, en offre un exemple.

Diagramme d'un abri à ciel ouvert
Enceinte en branches

Diagramme d'un abri à ciel ouvert
Enceinte en peaux d'animaux

Pour se protéger du vent et des prédateurs, Néandertal a créé des habitats entourés de palissades, faites de peaux d'animaux ou de branchages fixés sur des poteaux. Découvert en 2000 et datant d'environ 60 000 ans, ce site a été repéré par des archéologues grâce à la mise au jour de restes de poteaux avec cales en pierre, disposés en un cercle de 10 mètres (environ 33 pieds) de diamètre.

À l'intérieur du périmètre bien défini du site de La Folie, les archéologues ont pu cerner les aires dont Néandertal se servait pour préparer des peaux, façonner des outils en pierre, se reposer, faire la cuisine et, près du feu de camp, manger. Les foyers ont été repérés grâce à la distribution de pierres craquées et roussies par le feu. La présence de rocs noircis à l'entrée de l'abri suggère que le feu, en plus de servir à se réchauffer et à préparer la nourriture, apportait une protection contre les prédateurs. L'aire consacrée à la taille de silex a été reconnue en raison de la présence d'une grande quantité de fragments de pierre qui servaient à la fabrication d'outils néandertaliens.

Des abris nomades

En tant que nomade pratiquant la chasse et la cueillette, Néandertal a construit peu d'habitations permanentes, car il restait habituellement dans des campements temporaires durant ses déplacements saisonniers en quête de gibier. Quand le climat se faisait plus vigoureux dans les grandes plaines d'Europe centrale et orientale, il ramassait parfois des os de mammouth pour élever des abris contre le vent, comme celui qui a été mis au jour au site de Molodova I, en Ukraine.

Découverte en 1928, cette enceinte en os de mammouth est la seule habitation du genre connue du Paléolithique moyen (il y a de 200 000 à 45 000 ans). L'anneau défensif de 7 par 10 mètres (23 par 33 pieds) aurait exigé 116 os complets provenant de 15 mammouths, mâles et femelles, jeunes et adultes.

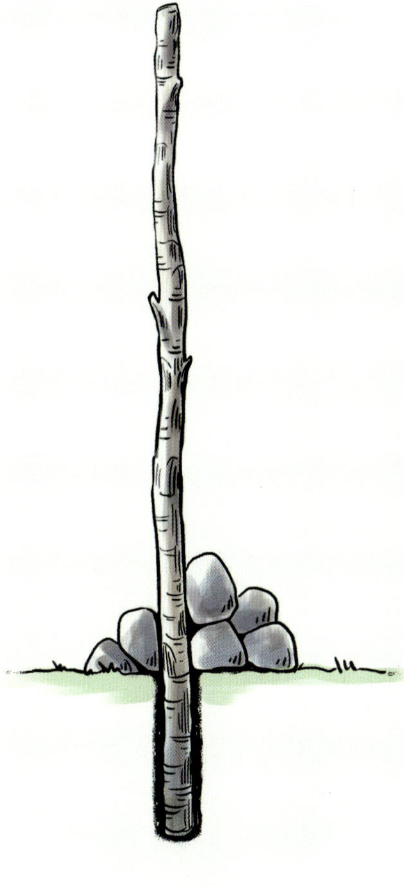

Diagramme d'un poteau du site de La Folie, avec pierres de calage

Maquette tactile de l'habitat Molodova I
Ukraine
Il y a de 40 000 à 55 000 ans

Les outils de Néandertal

Habile et ingénieux, Néandertal a commencé, il y a environ 300 000 ans, à façonner des outils uniques au moyen de divers matériaux, dont la pierre, le bois et, plus rarement, des os. La production d'outils en pierre (dits « moustériens », d'après le site du Moustier situé en Dordogne, en France) dénote, outre l'intelligence, une grande maitrise de la planification et de la préparation.

Entre autres techniques, Néandertal utilisait celle du débitage « Levallois » — d'après le site de Levallois-Perret, en France, où elle a été d'abord découverte. Elle consistait à retirer des éclats de blocs ou de nucléus de pierre et à les affuter.

Le mythe de la massue

Bien des gens croient que Néandertal était un être rustre; un simple d'esprit muni d'une massue. Toutefois, aucune arme de ce type n'a été trouvée sur les sites archéologiques néandertaliens. Le concept de la massue – une arme facile à fabriquer et à utiliser – est apparu dans les premières représentations de Néandertal afin de souligner leur supposée nature primitive.

Publicité de magazine pour les chemises pour hommes Arrows
Années 1940

Bola
Calcaire
Site de La Quina,
Charente, France
Il y a de 41 000
à 70 000 ans

Chasseur, boucher, prédateur

Omnivore, Néandertal chassait le gros gibier, comme le mammouth. Les sites de grottes montrent toutefois qu'il se nourrissait aussi de petits mammifères, de plantes, de noix, de poissons, de fruits de mer, de tortues, de reptiles, d'oiseaux, de phoques et de dauphins. Le fait qu'il ait eu pour pratique de récupérer de la viande de carcasses en décomposition pour s'en nourrir révèle qu'il pouvait également se montrer opportuniste.

Cela ne signifie pas qu'il n'était pas rusé. Au contraire, il lui fallait faire preuve d'intelligence et d'astuce pour piéger les animaux en fuite en créant des goulets d'étranglement et en mettant à profit des précipices naturels et des virages inattendus. Grâce à ces stratégies, Néandertal pouvait abattre le plus gros et le plus rapide des gibiers avec des armes à main, comme des couteaux et des lances, ainsi qu'avec des armes à jet, telles des javelines. Il se servait aussi de bolas, lesquelles s'enroulaient autour des pattes des animaux, qui ne pouvaient plus avancer.

Une substance adhésive a été trouvée sur des pointes en pierre, dont certaines datent de 200 000 ans. Ces pointes auraient vraisemblablement été fixées à des futs de bois avec de la résine ou du goudron, puis liées au moyen de fibres végétales, de tendons ou de lanières en cuir. Des morceaux de cette substance collante — probablement faite d'écorce de bouleau chauffée — ont été trouvés dans des sites néandertaliens en Italie et en Allemagne.

Face à un bison
Emmanuel Roudier
2005

De pierre et d'os

Néandertal était un habile technicien, comme en témoigne son outillage resté à peu près inchangé pendant des centaines de milliers d'années. À partir de nucléus de pierre extraits localement, il fabriquait des hachereaux ou des bifaces. Il façonnait aussi des éclats de pierre en couteaux, en lissoirs, en lames, en pointes et en instruments dentés qui ont pu servir de scies.

Le grattoir – essentiel pour découper la viande, préparer les peaux d'animaux et arracher les plantes – était un autre outil d'importance. Néandertal, qui préférait bien souvent utiliser le bois végétal, a façonné relativement peu d'outils en bois de cervidé ou en os. Cependant, on a trouvé des outils en os sur certains sites néandertaliens, notamment des polisseurs, qui servaient à rendre les peaux plus douces, résistantes et imperméables, et des alênes, utiles pour percer des trous.

Poinçon
Os fossile
Combe-Grenal, France
Il y a environ
60 000 ans

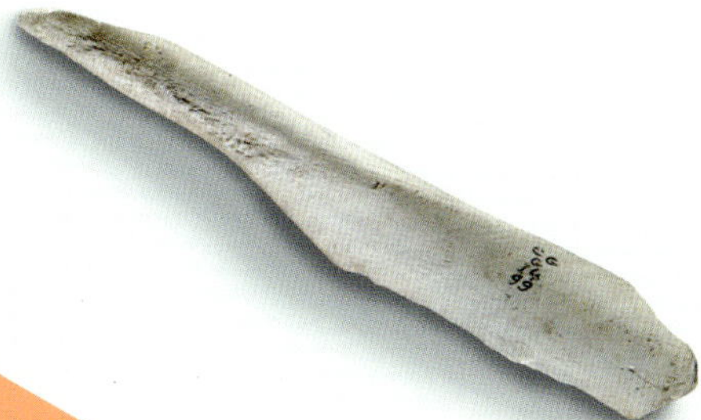

Grattoir (racloir)
Silex
Combe-Capelle, France
Il y a entre 30 000
et 300 000 ans

Des cultures néandertaliennes?

Bien que les outils néandertaliens soient demeurés relativement semblables pendant 300 000 ans, on a pu observer des variations quant à leur taille, à leur forme et au type de pierre employée, selon les époques et les régions. L'adaptation à des climats changeants, les ressources alimentaires et l'isolement géographique ont influé sur la production d'outils en pierre, qui étaient souvent le reflet de traditions culturelles localisées. L'éloignement des sources de matières premières a parfois obligé Néandertal à créer des outils plus durables, car l'affutage à répétition d'un outil en réduisait la taille.

Un legs canadien

En 1925, Henri-Marc Ami, Ph. D. (1858-1931), un géologue à la retraite de la Commission géologique du Canada, a fondé, en France, l'École canadienne de préhistoire. Durant des fouilles sur un site paléolithique à Combe-Capelle, il a recueilli et expédié au pays un grand nombre de spécimens (8 000 durant la seule année de 1926), dont plusieurs d'origine néandertalienne. Ces objets, qui ont été distribués à des musées et à des universités partout au Canada, demeurent d'importantes ressources près de 90 ans après la mort du géologue.

L'École a fermé ses portes à la mort du géologue, mais son héritage a survécu. Ses collections servent toujours à former de futurs spécialistes en préhistoire européenne. Bien qu'il ait été inhumé au cimetière Beechwood, à Ottawa, le cœur d'Henri-Marc Ami repose au site archéologique de Combe-Capelle, en France, qu'il a tant aimé.

◀ **Portrait de Henri-Marc Ami**
1897

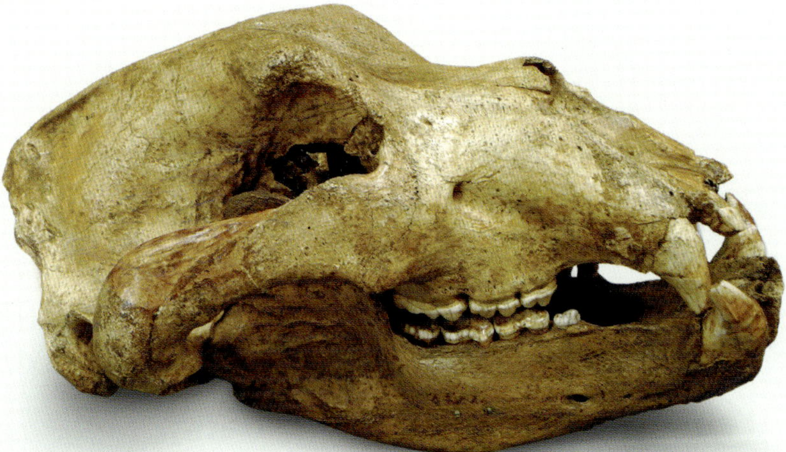

Crâne d'un ours des cavernes
Os fossilisé
France
Il y a de 24 000 à 100 000 ans

Côte à côte avec des ours

L'ours des cavernes qui a fourni ces ossements à Henri-Marc Ami aurait pesé jusqu'à 680 kilogrammes (1 500 livres) – plus que le plus gros grizzli moderne. Ces géants intimidants, aujourd'hui disparus, partageaient des grottes avec Néandertal, ce qui témoigne d'une relation complexe entre les deux espèces. L'ours des cavernes a disparu il y a 24 000 ans, mais son ADN se trouve toujours dans l'ours brun d'aujourd'hui.

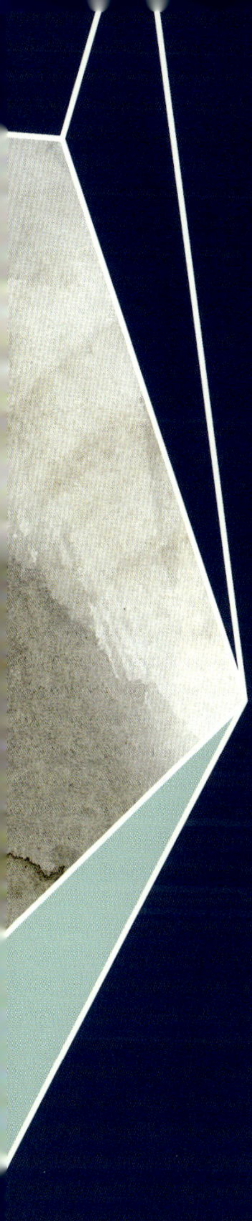

Fossiles et représentations

▼

Dès la découverte de restes de Néandertal, notre perception de l'espèce a été façonnée par la relation dynamique qu'entretenaient les scientifiques et les artistes. Son physique, à la fois semblable et différent du nôtre, varie selon l'époque et l'endroit où il a vécu, et témoigne d'environ 300 000 ans d'évolution.

Néandertal, reconnu en 1856 comme une espèce distincte à partir de restes de squelettes fossilisés, a d'abord été faussement rapproché des singes, avant d'être décrit comme un « précurseur de l'homme », puis d'être déclaré « race inférieure ». Ce discours ethnologique du XIXe siècle a donné lieu à de premières interprétations artistiques qui, pour illustrer l'espèce néandertalienne éteinte, montraient des êtres rustres. Ce n'est qu'à partir de la seconde moitié du XXe siècle que la science a donné à Néandertal sa juste place dans l'arbre généalogique des hominidés.

Crâne du vieil homme de La Chapelle-aux-Saints
Os fossilisé
La Chapelle-aux-Saints, France
Il y a de 45 000 à 57 000 ans

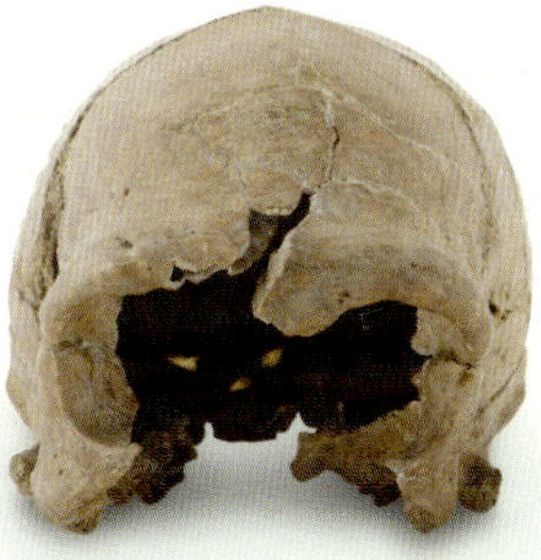

Crâne de l'individu de La Quina dit H5
Os fossilisé
Site de La Quina, Charente, France
Il y a 71 000 ans

Scientifiques et artistes — La création active d'un stéréotype

L'interprétation erronée du célèbre paléontologue parisien Marcellin Boule à propos d'un squelette néandertalien — le « vieil homme de La Chapelle-aux-Saints », dépeint par l'artiste Frantisek Kupka en 1909 — présente la vision stéréotypée de Néandertal. Selon Boule, Néandertal était trop primitif pour être l'ancêtre de l'*Homo sapiens*. Si nous savons à présent que Néandertal n'est pas notre ancêtre, mais bien notre cousin, nous savons aussi qu'il n'était pas l'être primitif et le simple d'esprit qu'avait imaginé Boule.

Boule et d'autres scientifiques avaient compris que, pour répandre leurs idées au sujet des premiers humains et des premières humaines, il était nécessaire de captiver l'imagination du public. L'établissement de liens avec des artistes est devenu primordial, non seulement pour susciter l'intérêt du public, mais aussi pour défendre une position scientifique et gagner en crédibilité.

Les premiers musées, souvent des cabinets de curiosités reconvertis, étaient des endroits parfaits pour intéresser, informer, éduquer et influencer le public. Le personnel scientifique s'est alors fait précepteur du public, décrivant et interprétant les objets. Les expositions tendaient à refléter le point de vue du conservateur, que rendaient des artistes employés par les musées. À l'image de leur époque, ces représentations exprimaient une position du milieu universitaire, souvent influencée par des images faussées de Néandertal, comme celles qu'avaient propagées Boule et Kupka.

▲

Un ancêtre : l'homme d'il y a vingt-mille ans
Frantisek Kupka
Illustrated London News
27 février 1909

Néandertal à Bruxelles

En travaillant pour se forger une réputation d'expert en préhistoire européenne, le Belge Aimé Rutot en est venu à s'intéresser aux restes néandertaliens. Il a incité le talentueux sculpteur Louis Mascré, rencontré en 1909, à produire des figurines d'hommes et de femmes inspirées des fossiles européens les mieux connus. À l'aide de ces créations populaires, Rutot a répandu sa perception des premiers humains et des premières humaines, étendant son influence tout en consolidant sa réputation.

Néandertalienne
Louis Mascré
et Aimé Rutot
Plâtre peint
1909–1914

▲

Fabricants de silex néandertaliens
Charles Knight
Tableau mural
1924

Néandertal à New York

De 1909 à 1933, le scientifique Henry Osborn a présidé l'American Museum of Natural History. Tout en faisant la promotion du savoir comme outil essentiel à la compréhension du passé, il a discrètement contribué à l'avancement de sa propre vision sociale élitiste.

Pour créer la salle du musée consacrée à l'ère de l'Homme, il a mis à contribution deux artistes : J. H. McGregor a sculpté des bustes aux traits primitifs, et Charles Knight a peint des œuvres illustrant la culture néandertalienne selon la perception d'Osborn. Curieusement, le rayonnement de ces œuvres ne s'est pas limité à l'enceinte du musée, puisque celles-ci ont été maintes fois reproduites dans des manuels scolaires et ont, au final, influencé des générations d'élèves.

Néandertal à Chicago

En 1929, le Field Museum de Chicago a dévoilé un diorama représentant une famille néandertalienne. Unique en son genre dans le monde, le diorama avait été créé par le sculpteur Frederick Blaschke, d'après une étude d'os et de dents provenant du site du Moustier, en France.

L'homme moustérien et sa famille
Frederick Blaschke
Field Museum of Natural History
Chicago, Illinois
1929

Ce musée a offert une représentation stéréotypée de Néandertal jusqu'en 1972, année où les mannequins ont été remplacés par des modèles plus conformes à la science. L'exposition a de nouveau été mise à jour en 1985, pour en améliorer l'exactitude scientifique, avant d'être démantelée définitivement, en 1994. Au fil de nombreuses décennies, Néandertal lui-même n'a pas changé, mais notre interprétation s'est améliorée.

Famille néandertalienne
Frederick Blaschke
Field Museum of Natural History
Chicago, Illinois
Années 1980

Néandertal à Paris

Lors d'une conférence tenue en mai 1909, Marcellin Boule a décrit Néandertal comme un homme-singe primitif et bossu. Le sculpteur Joanny Durand, qui se trouvait dans l'assistance, a écrit à Boule au sujet d'un modèle à Paris qui ressemblait à Néandertal. L'homme, qui avait servi de modèle au sculpteur Auguste Rodin pour *Le Penseur*, posera pour Durand en 1921.

Sous la supervision de Boule, Durand a sculpté le modèle comme s'il était un Néandertalien. Mais contrairement à l'image de Néandertal qui persiste dans le discours moderne, Boule a exigé de l'artiste la simplicité — un individu sans peau, sans cheveux et sans vêtements — pour éviter les préjugés.

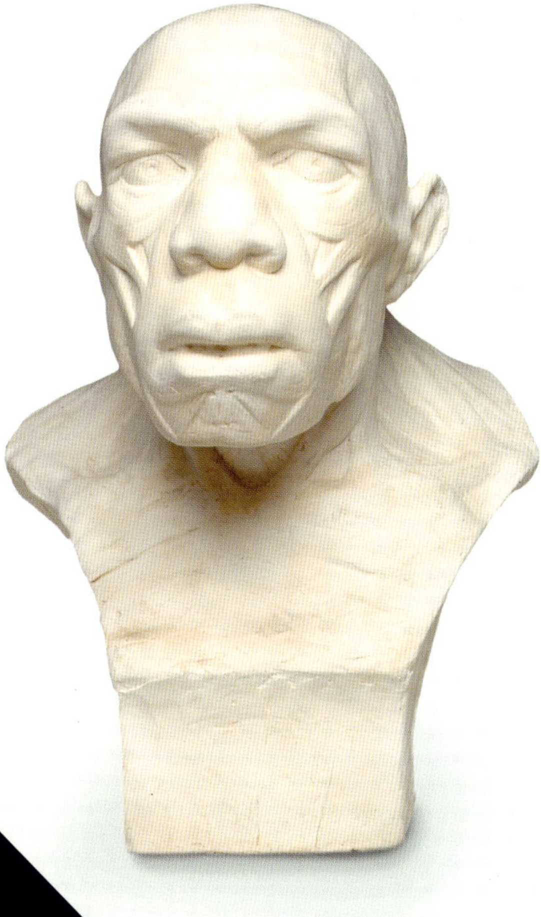

Buste du vieil homme de La Chapelle-aux-Saints
Marcellin Boule et
Joanny Durand
Plâtre
1921

La morphologie

Néandertal partageait de nombreux traits avec ses ancêtres dans la chaine de l'évolution (front fuyant et absence de menton) ainsi qu'avec les humains et les humaines d'aujourd'hui (grand cerveau et petites molaires). Il avait toutefois ses particularités, notamment un corps court et trapu, un squelette robuste, une musculature puissante, une large cage thoracique et de courts avant-bras.

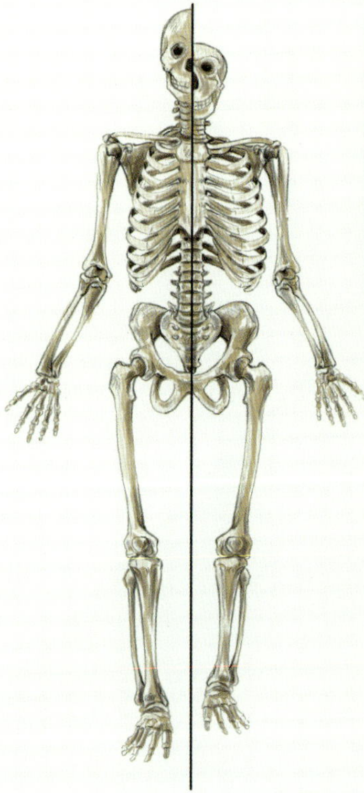

Comparaison de l'anatomie des squelettes de l'*Homo sapiens* et de Néandertal

Neander 1
Os fossilisé
Vallée de Neander, Allemagne
Il y a environ 40 000 ans

La désignation d'une nouvelle espèce

En aout 1856, un squelette incomplet a été découvert dans une grotte en Allemagne. On a jugé qu'il s'agissait d'une espèce jusqu'alors inconnue. On l'appellera « Neander », d'après le nom de la vallée où il avait été trouvé.

Ce n'était pourtant pas la première découverte d'un Néandertalien. Vingt-sept ans plus tôt, on avait retiré d'une grotte en Belgique le squelette d'un enfant fossilisé sans, toutefois, reconnaitre celui-ci comme le représentant d'une nouvelle espèce. Il a été déterminé seulement en 1936 qu'Engis 2 était un Néandertalien, soit plus d'un siècle après sa découverte. Le nom de l'espèce avait alors déjà été fixé.

Crâne de l'enfant dit Engis 2 (moulage)
Engis, Belgique
Il y a environ 34 000 ans

L'enfant d'Engis
noît Clarys
Aquarelle
2001

Croissance et développement

Un grand nombre de scientifiques ont tenté de déterminer si Néandertal grandissait et se développait comme les humains et les humaines modernes. Des théories ont été mises de l'avant, selon lesquelles cette espèce présentait une croissance rapide, comparable à celle des chimpanzés, plutôt qu'une croissance lente aux premiers stades de développement, comme c'est le cas pour le cerveau complexe de l'*Homo sapiens*.

Les études actuelles révèlent toutefois que le rythme de croissance de Néandertal s'apparentait souvent à celui de l'*Homo sapiens*, y compris pour le développement du cerveau. Néandertal et *Homo sapiens* de l'époque avaient une espérance de vie comparable, présentant un nombre équivalent de décès entre 20 et 40 ans ainsi qu'au-delà de 40 ans.

Crâne de l'enfant du site de Pech-de-l'Azé
Os fossilisé
Site de Pech-de-l'Azé, Dordogne, France
Il y a de 40 000 à 45 000 ans

Un différent type de registre fossile

Trouvé enseveli sous des couches de sable — sur une élévation surplombant une plage française de la péninsule du Cotentin, en Normandie —, le site néandertalien de Rozel a révélé une multitude d'empreintes de pieds et de mains fossilisés. Ces empreintes d'hommes, de femmes et d'enfants, naturellement entremêlées sur le sol d'une habitation, sont un rare témoignage physique du fait que Néandertal était plus qu'un squelette; qu'il était aussi un être de chair.

Contrairement aux vestiges fossilisés, statiques de nature, ces empreintes nous renseignent sur les interactions des divers membres d'un groupe dans un lieu d'habitation donné, sur la taille et la forme de leurs mains et de leurs pieds, ainsi que sur la biomécanique de leur démarche et de leur maintien en position debout.

Empreinte de pied gauche de Néandertal (moulage)
Le Rozel, France
Il y a environ 110 000 ans

L'humanité de Néandertal

Habile et souple, Néandertal concevait des outils complexes, confectionnait des ornements avec de la pierre et des ossements d'animaux, utilisait des pigments et créait des objets pouvant être qualifiés d'œuvres d'art.

Ces objets rares, plus abondants durant les 50 000 dernières années de Néandertal, témoignent d'une appréciation de l'esthétique et d'une capacité de pensée complexe, voire abstraite.

Un collectionneur préhistorique

La recherche de matières premières et de produits finis n'est pas l'apanage des collectionneurs et des collectionneuses des temps modernes. La réunion d'objets spéciaux qui suscitent la fierté, la reconnaissance ou un simple plaisir a peut-être toujours existé. On a trouvé d'attrayants artéfacts sur des sites archéologiques néandertaliens, notamment des outils symétriques en pierre sans fonction précise, faits de matériaux uniques et traversés de veines colorées.

De telles découvertes ont amené les chercheurs et les chercheuses à se demander si les objets avaient été amassés pour des raisons autres qu'utilitaires, et si l'ornementation leur conférait une valeur sociale, voire symbolique, au-delà de toute utilisation.

Biface en cristal de roche
Abri des Merveilles, Dordogne, France
Il y a de 45 000 à 300 000 ans

Biface en jaspe
Site de Fontmaure, Vellèches, France
Il y a de 45 000 à 300 000 ans

L'art de la parure

Les rainures et les perforations sur des dents, des bois de cervidé, des os et des coquillages associés à Néandertal révèlent un désir de transformer des objets ordinaires en parures personnelles, autrement dit, des bijoux.

Munis d'attaches en cuir ou en fibres végétales, ces ornements pouvaient être portés comme pendentifs ou colliers, ou encore être fixés à des vêtements. On utilisait aussi des plumes, surtout celles d'oiseaux de proie. La conception délibérée de tels objets dénote une créativité que nous avons tendance à associer à notre seule espèce.

◀ ***Néandertal***
Mauro Cutrona
2010

Les incisions et l'usure sur huit serres et une phalange d'un pygargue à queue blanche laissent supposer une fonction particulière. Découvertes dans la grotte de Krapina, en Croatie, les serres et la phalange étaient probablement rattachées par des fibres végétales ou des tendons d'animaux pour former un collier, qui aurait été porté il y a près de 130 000 ans.

Collier de Krapina fait de serres d'aigles
Site de Krapina, Croatie
Il y a environ 130 000 ans

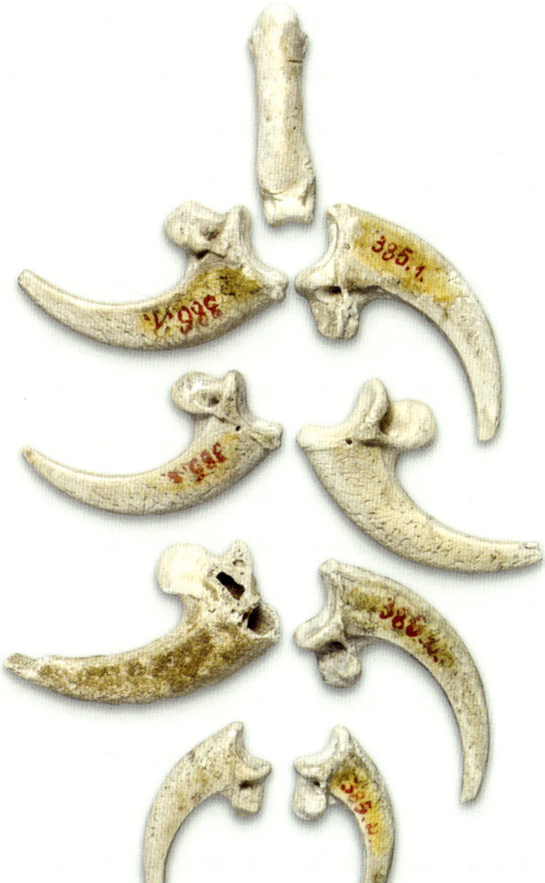
385.1

De l'art néandertalien?

Recueillis intentionnellement, parfois en grandes quantités, et transportés à divers campements, les pigments trouvés dans plusieurs sites néandertaliens donnent à penser qu'ils servaient à des créations artistiques ou à faire des dessins sur le corps.

En Espagne, on a découvert un mur de caverne recouvert de lignes horizontales et verticales de couleur rouge, de pointillés et d'empreintes de mains. La recherche sur les pigments de ce site, qui date de 64 000 ans avant l'arrivée de l'*Homo sapiens*, appuie l'hypothèse, souvent contestée, selon laquelle Néandertal aurait réalisé de l'art rupestre. Malgré ces études, la raison de l'utilisation des pigments, qu'elle soit esthétique, sociale ou symbolique, demeure un mystère.

La découverte ultérieure de gravures sur des pierres, ou pétroglyphes, indique également un niveau de conscience élevé. Symbolisme, communication, ornementation... on ignore pourquoi Néandertal a façonné des pierres visuellement attrayantes ou utiles.

Toutefois, cela ne diminue en rien l'importance et l'effet de ces motifs. Un pétroglyphe géométrique néandertalien de 300 centimètres carrés (46,5 pouces carrés), découvert sur le méplat rocheux de la grotte de Gorham, à Gibraltar, a été réalisé il y a environ 55 000 ans. La signification des lignes incisées est inconnue, mais cela demeure l'un des plus anciens pétroglyphes au monde.

Gravure pariétale attribuée à Néandertal (moulage)
Grotte de Gorham, Gibraltar
Il y a environ 55 000 ans

Enceinte à l'intérieur de la grotte de Bruniquel
Michel Soulier

L'artisan de la grotte de Bruniquel, en France

La grotte de Bruniquel, dans le Sud-Ouest de la France, se trouve dans une région où abondent les sites paléolithiques. En 1990, des personnes explorant les cavernes ont repéré des cercles de pierres composés de 399 morceaux de stalagmites. Les deux cercles se situaient à environ 336 mètres (1 100 pieds) de l'entrée de la grotte, ce qui équivaut à près de trois terrains de football, sur un sol vraisemblablement intouché depuis 176 000 ans.

À l'intérieur du plus gros cercle de pierres reposaient deux amas de stalagmites; deux autres similaires se trouvaient à l'extérieur du cercle. Les deux structures de pierres et les plus petits amas portaient des traces de feu, révélant la présence de foyers. Certains de ces foyers contenaient des restes d'os calcinés de gros mammifères (ours ou herbivores).

On n'a pu déterminer avec exactitude la raison d'être de ce lieu, aménagé durant une période glaciaire. Cependant, sa complexité laisse supposer une capacité de prévoir, de planifier et de résoudre des problèmes. Néandertal a fait preuve d'une ingéniosité toute particulière en produisant et en maitrisant le feu comme source de lumière pendant la construction de ces cercles mystérieux.

Les rites funéraires

Néandertal a pratiqué l'inhumation, comme en témoigne la disposition de corps accompagnés de biens funéraires dans des tombes. Les squelettes fossilisés mis au jour ont généralement été trouvés recroquevillés en position fœtale, parfois recouverts de pierres, de fosses pour le feu ou de monticules de terre.

Des découvertes dans les lieux de sépulture, comme des corps sans tête et des crânes isolés, ont donné naissance à des théories selon lesquelles Néandertal pouvait parfois décapiter intentionnellement ses morts. D'autres soutenaient qu'il aurait parfois pratiqué le culte des ancêtres, l'inhumation en deux temps et le cannibalisme. La plupart des sépultures néandertaliennes ont été découvertes au Moyen-Orient et en Europe occidentale, surtout en France et en Belgique.

Sépulture de l'homme de Spy
Benoît Clarys
1997

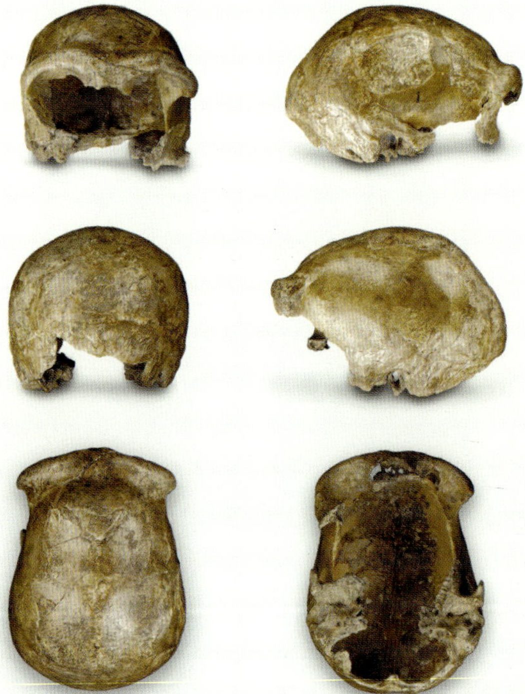

Calotte (fragment de crâne) de la Néandertalienne dite Spy 1
Spy, Belgique
Il y a de 38 000 à 41 500 ans

Spy, le théâtre d'une controverse archéologique

En 1886, lors de la découverte des restes fossilisés d'un homme et d'une femme de Néandertal près de Spy, en Belgique, les archéologues ont observé un détail intéressant : les squelettes étaient dans des positions anatomiques (les os reliés comme ils l'avaient été avant la mort). Les chercheurs Julien Fraipont et Maximin Lohest ont publié leur interprétation de cette découverte en 1887. Leurs conclusions ont secoué la communauté scientifique : Néandertal enterrait intentionnellement ses morts! Cette découverte et le concept de la spiritualité, que des chercheurs et des chercheuses associent aux enterrements, font encore l'objet de débats.

Les sépultures de l'Abri de La Ferrassie

En 1912, les sépultures de l'Abri de la Ferrassie, en France, ont fourni la « preuve absolue » que Néandertal enterrait ses morts. Les huit squelettes mis au jour, à peu près tous recroquevillés en position fœtale, dataient d'époques différentes et avaient été enterrés avec des ossements d'animaux et des outils en pierre. Des pierres reposaient sur la tête et les bras d'un homme, et une dalle calcaire couvrait le corps d'un enfant.

Crâne de l'homme dit La Ferrassie 1
Os fossilisé
Site de La Ferrassie, Dordogne, France
Il y a de 40 000 à 54 000 ans

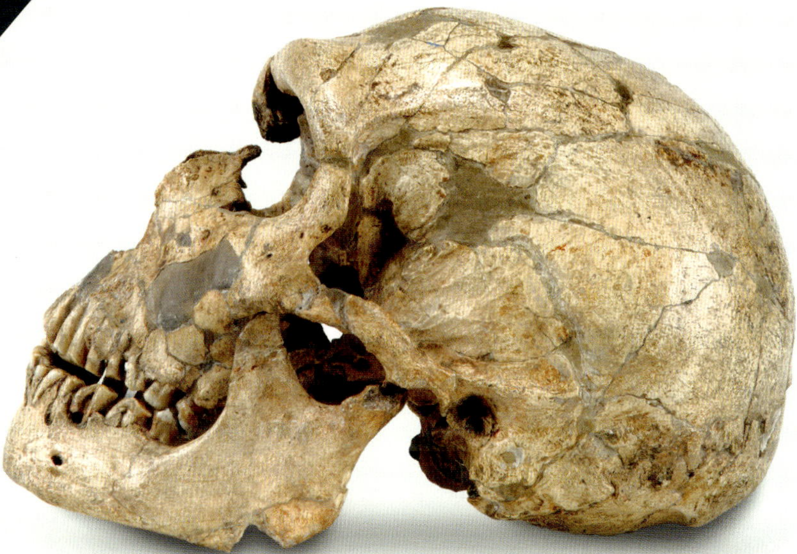

Les os fossilisés d'un homme de l'Abri de La Ferrassie (La Ferrassie 1) comprenaient le crâne le plus complet de Néandertal jamais découvert; le deuxième en importance, en ce qui a trait à la taille. Les restes, trouvés avec des outils de pierre, réfutaient l'image qu'avait Marcellin Boule de Néandertal, car ils révélaient que celui-ci marchait debout, avec une démarche semblable à la nôtre.

Dans une autre fosse, on a trouvé les squelettes d'un nouveau-né et d'un fœtus. Tout près, dans une petite dépression, se trouvait un second fœtus en position repliée. Des fouilles minutieuses ont révélé la présence d'outils raffinés en silex, comme des pointes et des racloirs, à la surface de ces deux sépultures.

◀ ***Sépulture de La Ferrassie***
Gilles Tosello
1988

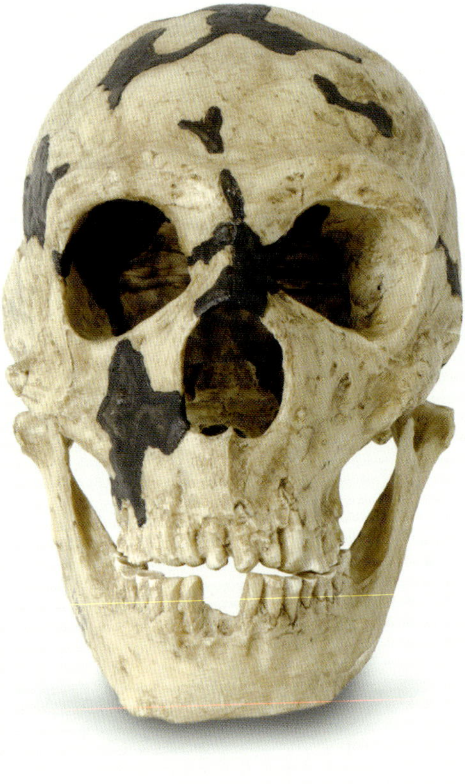

Crâne de l'individu dit Shanidar 1 (moulage)
Site de Shanidar, Irak
Il y a de 35 000 à 45 000 ans

Des maux de longue date

D'après l'étude de restes fossilisés, Néandertal souffrait de maux semblables à ceux que nous connaissons aujourd'hui. Les matières squelettiques et dentaires ont révélé la présence de rhumatisme, d'arthrite, de cancer, d'abcès dentaires, de gingivite et de caries. On a aussi observé des traces de traumatismes, notamment des entorses et des fractures du crâne, des bras, des jambes, des côtes et de la colonne vertébrale. Certains signes portent à croire qu'on prodiguait des soins aux individus blessés et aux malades, tandis que d'autres éléments indiquent que Néandertal connaissait les plantes médicinales.

Plusieurs squelettes néandertaliens du site de Shanidar, en Irak, présentent des signes de traumatismes. Les types de fractures réparées observées sur les mains et les bras sont similaires à ce que l'on retrouve chez les personnes qui pratiquent le rodéo — le résultat de chutes violentes et de confrontations avec des taureaux et des chevaux sauvages. On a avancé l'hypothèse que la pratique dangereuse de la chasse aux grands animaux chez Néandertal, souvent au corps à corps, était à l'origine de blessures de ce genre.

Le cannibalisme — Manger et être mangé

Le cannibalisme — pratique inacceptable, jugée « barbare » et sévèrement condamnée dans la plupart des sociétés — est apparu il y a environ 800 000 ans et a persisté jusqu'aux temps historiques dans certaines régions du monde. Des vestiges trouvés dans la grotte de Krapina, en Croatie, révèlent que six personnes — des femmes, des hommes et des enfants — ont été mangées, il y a près de 130 000 ans. On ne saura jamais les raisons qui ont motivé ce cannibalisme — pour se nourrir ou pour observer des rites — ni d'ailleurs les motifs — faim, honneur, quête de force vitale, punition, vengeance, etc. —, mais cette pratique n'enlève rien à l'humanité de Néandertal.

À une époque, les archéologues et les paléontologues ne tenaient pas compte des morceaux d'ossements brisés ou taillés en pièces, les jugeant inutiles. Cependant, en criminalistique, même les plus petits fragments peuvent aider à reconstituer des comportements. En analysant la façon dont des outils ont été conçus et des carcasses ont été transformées, les archéologues approfondissent leur interprétation des vestiges du passé.

Os humain coupé
Combe-Grenal, France
Il y a de 65 000
à 85 000 ans

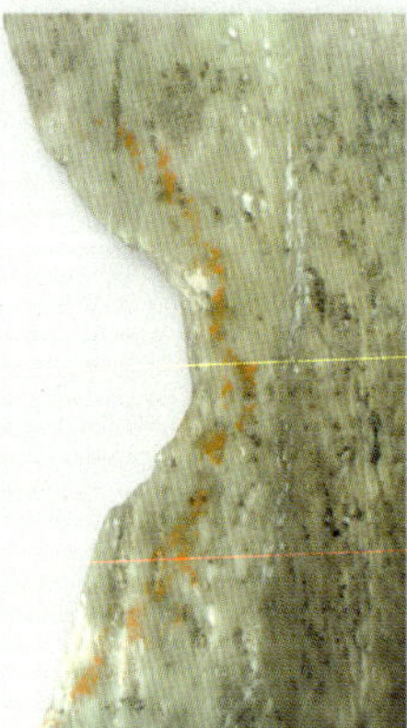

Une reconstruction scientifique de certains restes néandertaliens fossilisés a révélé que l'emplacement des incisions et les traces de broyage évoquaient la transformation de la chair d'animaux en aliments. Sur des ossements de pattes trouvés à Goyet, en Belgique, la présence de rainures et de marques d'usure laisse supposer que certains os étaient utilisés pour aiguiser les arêtes d'outils en pierre.

◀ **Deux retouchoirs (moulages)**
Goyet, Belgique
Il y a de 40 500 à 45 500 ans

Décoder Néandertal

La collecte et l'interprétation de grandes quantités d'outils en pierre, d'ossements et de signes d'occupation ont enrichi nos connaissances sur Néandertal. Grâce à des méthodes d'analyse améliorées et à de nouveaux outils, dont l'ADN, notre compréhension de cette espèce a considérablement progressé ces dernières années. Désormais, les moindres fragments peuvent livrer de précieux renseignements. Et ce que nous apprenons nous instruit sur les origines mêmes de la vie humaine.

On a déjà cru que les humains et les humaines appartenaient à une espèce unique, ayant évolué en progression constante, et que Néandertal représentait un stade antérieur dans l'évolution de l'*Homo sapiens*. On sait aujourd'hui que plusieurs espèces humaines ont peuplé les multiples embranchements de l'arbre de l'évolution. La recherche révèle qu'au fil du temps, non seulement certains de ces hominidés occupaient-ils le même territoire, mais ils étaient suffisamment compatibles pour avoir des enfants.

◀ ***Le rapt à l'âge de pierre***
Paul Jamin
Huile sur toile
1888

Des espèces rivales?

Dans l'imaginaire des artistes du XIXe siècle, Néandertal et l'*Homo sapiens* étaient des espèces rivales. Selon eux, malgré sa force brute, Néandertal ne pouvait rivaliser avec nos facultés intellectuelles, notre supériorité morale et notre civilité. Ces conceptions n'étaient pas isolées : elles reflétaient les idées d'une époque colonialiste qui plaçait les Européens au sommet de la classification des races.

Cependant, selon des données scientifiques, des rencontres occasionnelles entre Néandertal et l'être humain moderne se sont produites à certaines époques et dans des régions géographiques précises. Cela laisse supposer des échanges courants et moins hostiles entre les deux espèces, ainsi que des partages de techniques et de savoir-faire, voire des métissages.

Première rencontre
Benoît Clarys
2013

Dent d'un individu dénisovien
Sibérie, Russie
Il y a de 30 000 à 50 000 ans

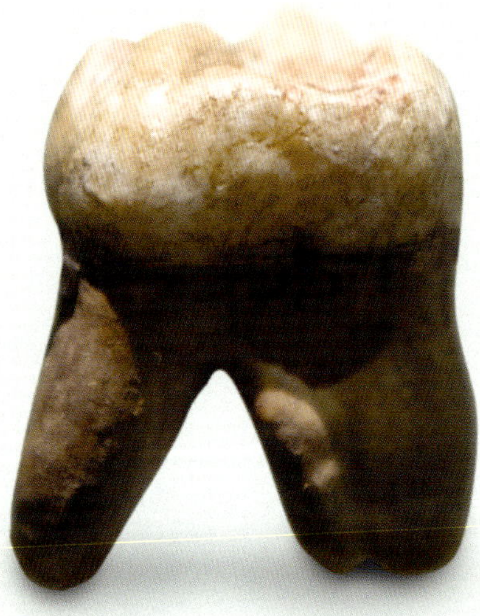

Ailleurs dans le monde

Les hommes et les femmes de Néandertal qui vivaient en Eurasie occidentale ont partagé leur territoire avec les hommes et les femmes de Denisova, en Asie orientale, avec l'*Homo erectus* et l'*Homo floresiensis*, en Asie du Sud-Est, et avec l'*Homo sapiens*, en Afrique et au Moyen-Orient. On sait que l'*Homo naledi*, une espèce qui a vécue il y a de 335 000 à 236 000 ans et qui a été découverte en 2015 en Afrique du Sud, a vécu en même temps que Néandertal. Toutefois, un continent les séparait, et les deux espèces ne se sont sans doute jamais rencontrées.

On n'a jamais retrouvé de crâne ou de squelette d'un individu de Denisova. La preuve de son existence provient uniquement de tests d'ADN effectués sur quelques dents et petits fragments d'os. Les hommes et les femmes de Denisova ont vécu en même temps que Néandertal et l'*Homo sapiens*. Malgré les traces d'ADN que nous possédons, nous ignorons tout de leur apparence.

Néandertal de La Chapelle-aux-Saints

Homme de Predmosti
(Homo sapiens)

Homo Floresiensis ▶

◀ *Homo Erectus*

◀ *Homo Naledi*

De nouveau réunis

L'ADN révèle que Néandertal et l'*Homo sapiens* ont un ancêtre commun : l'*Homo heidelbergensis*, qui a vécu il y a de 400 000 à 350 000 ans. Alors que Néandertal s'est dispersé en Eurasie, l'*Homo sapiens*, lui, est resté en Afrique, où il a évolué indépendamment.

C'est lorsqu'un groupe d'*Homo sapiens* a quitté le continent africain que les deux espèces se sont retrouvées au Moyen-Orient. Des vestiges de cette rencontre et de plusieurs autres sont inscrits dans l'ADN d'humaines et d'humaines modernes, d'origine non africaine, qui ont hérité de 1 à 4 % de l'ADN néandertalien.

Des ADN presque identiques

Notre ADN est semblable à 99,7 % à celui de Néandertal. En 2003, le Projet du génome humain a atteint son objectif : déterminer et cartographier tous les gènes de l'*Homo sapiens*. Lorsqu'on comprend l'incidence de certains gènes sur notre système, on peut aussi déterminer les effets de gènes similaires sur Néandertal.

Prenons pour exemple la protéine FoxP2, qui joue un rôle dans le développement et l'adaptabilité du cerveau. Cette plasticité indispensable à l'apprentissage et à la mémoire influence le développement normal de la parole et du langage.

Nous savons que l'anatomie de la gorge de Néandertal lui permettait de parler. Puisqu'il était porteur du gène FoxP2, il en avait également la capacité génétique.

Le gène MRC1 aide quant à lui à déterminer la couleur de la peau, des cheveux et des yeux. Nous savons donc que des hommes et des femmes de Néandertal avaient la peau et les cheveux clairs. Comme nous, Néandertal avait besoin de la lumière du soleil pour produire de la vitamine D, essentielle à la santé. Il a donc développé un teint pâle pour mieux synthétiser cette vitamine dans les régions nordiques, moins ensoleillées.

Forage dans un fragment d'os ▶

Notre langue détecte cinq gouts de base : amer, acide, salé, sucré et poivré. Nous avons une grande sensibilité à l'amertume, ce qui constitue une importante adaptation, car de nombreuses substances toxiques sont amères.

C'est peut-être la raison pour laquelle Néandertal portait le gène TAS2R38, responsable de la capacité à détecter les gouts amers.

L'ADN de Néandertal et nous

Comparer notre ADN à celui de Néandertal nous en apprend beaucoup sur lui. Par ailleurs, les restes de l'ADN néandertalien que nous portons dans nos séquences génétiques nous permettent de comprendre la façon dont ses gènes l'ont aidé, d'un point de vue biologique, à survivre au Moyen-Orient et en Europe.

Un système immunitaire amélioré, la guérison de blessures et les habitudes de sommeil régulières de Néandertal se sont révélés bénéfiques à notre évolution. Ces éléments sont encore présents dans notre espèce. Par exemple, les *Homo sapiens* qui ont migré n'étaient pas immunisés contre les pathogènes de l'Europe et du Moyen-Orient.

Il faut normalement des générations pour développer une immunité, mais l'*Homo sapiens* a accéléré cette évolution en se métissant avec Néandertal. Ce coup de pouce génétique a profité à nos ancêtres, mais aujourd'hui, des choses inoffensives, comme le pollen et l'herbe, peuvent déclencher une forte réaction immunitaire.

En étudiant le rôle de l'ADN néandertalien chez l'être humain moderne, les chercheurs et les chercheuses ont découvert le lien le plus solide dans une mutation génétique améliorant la coagulation sanguine, ce qui aurait aidé Néandertal à survivre à ses blessures. De nos jours, toutefois, une coagulation excessive pendant une période prolongée peut augmenter les risques d'AVC, d'embolies pulmonaires et de complications pendant la grossesse.

Une mutation génétique liée aux rythmes circadiens (nos cycles de sommeil et d'éveil) n'était sans doute pas un problème chez Néandertal, qui suivait probablement les cycles de la nature. De nos jours, toutefois, les perturbations des rythmes circadiens sont monnaie courante. Pour celles et ceux qui portent cette mutation génétique, de telles perturbations sont liées à la dépression et à d'autres troubles neurologiques.

Comparaison entre Néandertal et *Homo sapiens*
Joe McNally
2008

D'où vient l'ADN?

Il n'y a pas si longtemps, l'extraction de l'ADN de restes squelettiques fossilisés semblait à peu près impossible. Or, la science génétique progresse si rapidement qu'il est maintenant possible d'extraire des traces d'ADN de certaines sources improbables. La plaque dentaire de Néandertal, ses excréments fossilisés et même la terre du sol de ses habitations ont produit des signatures génétiques, ce qui nous a permis de décrire l'environnement qu'il aurait partagé, les aliments qu'il mangeait, des aspects de son état général de santé et les types de microbes qu'il aurait pu porter.

Ainsi, grâce à l'analyse de l'ADN de la plaque dentaire solidifiée (ou tartre), les chercheurs et les chercheuses ont déterminé que Néandertal avait une alimentation variée, tirée principalement de son environnement immédiat. Tantôt carnivore, tantôt végétarien, chasseur et cueilleur, il était un omnivore qui a su s'adapter selon les ressources disponibles. En plus de nous instruire sur le régime alimentaire, une étude de l'ADN de la plaque dentaire a révélé que Néandertal et *Homo sapiens* ont échangé des microbes buccaux il y a de 112 000 à 143 000 ans. Un échange de salive entre ces espèces serait attribuable à l'une des trois situations suivantes : des baisers, des échanges de nourriture ou des soins parentaux.

Par le passé, la découverte d'outils moustériens dans une grotte a permis de croire à une occupation néandertalienne. Or, en l'absence de restes fossilisés,

Mâchoire supérieure de Néandertal
El Sidrón, Espagne
Il y a environ 49 000 ans

la preuve s'est avérée non concluante. Les chercheurs et les chercheuses peuvent désormais extraire de l'ADN d'un sol en terre et déterminer non seulement l'espèce humaine qui occupait l'espace, mais aussi les animaux qui ont été transformés sur les lieux.

Les matières fécales fossilisées sont rares, car leur préservation requiert certaines conditions environnementales. Elles fournissent toutefois une information précieuse sur l'alimentation ancienne, la flore intestinale et les virus. L'analyse de l'ADN permet de déterminer l'espèce ayant produit l'échantillon et la nourriture consommée, ainsi que les parasites dont elle a pu être l'hôte.

▲

Grotte de Vindija, Croatie
Occupée par Néandertal
il y a environ 40 000 ans

Adieu, Néandertal!

Les découvertes les plus récentes de fossiles néandertaliens ont eu lieu dans le Sud de la péninsule ibérique ainsi qu'en Croatie et en Crimée, dans des sites datant de 30 000 à 40 000 ans.

De nombreuses théories tentent d'expliquer pourquoi l'espèce s'est éteinte après plus de 300 000 ans d'existence. La plupart s'inspirent de preuves suggérant que Néandertal aurait disparu peu après l'apparition, sur son territoire, de l'*Homo sapiens*. Le tableau suivant présente les points de vue prédominants.

Facteur déterminant	Hypothèse
Intelligence	Néandertal n'avait pas la capacité intellectuelle de s'adapter à un monde en perpétuel changement.
Concurrence territoriale	Néandertal devait rivaliser pour l'obtention des ressources avec l'*Homo sapiens*, plus petit et plus rapide, qui utilisait peut-être des chiens et disposait de meilleurs outils.
Maladie	L'introduction de bactéries, de virus ou de parasites par les nouvelles populations d'*Homo sapiens* a anéanti Néandertal.
Changement climatique	Les ressources locales ont pu subir les contrecoups d'un bouleversement climatique soudain, entrainant des carences alimentaires et la mort de Néandertal.

Contrargumentaire	Conclusion
Néandertal a survécu pendant 300 000 ans sous divers climats, dans différents environnements et habitats.	Le manque d'intelligence n'est vraisemblablement pas la raison de la disparition de Néandertal.
Néandertal a su s'adapter avec ingéniosité à son environnement.	La concurrence directe avec l'*Homo sapiens* pourrait être une explication valable de la disparition de Néandertal.
Vivant en petits groupes dispersés, Néandertal était moins vulnérable à une pandémie susceptible d'anéantir l'espèce tout entière.	L'introduction de nouvelles infections peut avoir réduit le nombre d'hommes et de femmes de Néandertal, ce qui aurait contribué à la disparition de l'espèce.
Nous savons que Néandertal s'est adapté à de nombreux climats variés.	Le changement climatique n'est vraisemblablement pas la raison de la disparition de Néandertal.

Facteur déterminant	Hypothèse
Démographie	Néandertal était un nomade. En voulant éviter tout contact avec l'*Homo sapiens*, les groupes en âge de procréer ont probablement été amenés à s'isoler, perdant ainsi la variabilité génétique au fil du temps.
Croisement	Les populations néandertaliennes plus modestes ont été assimilées par les populations d'*Homo sapiens*.
Phénomène multifactoriel	Beaucoup de ces facteurs (et d'autres non mentionnés) ont contribué à l'extinction de Néandertal.

Contrargumentaire	Conclusion
Des études récentes de l'ADN ont révélé un degré de consanguinité élevé au sein de petits groupes familiaux.	Une diversité biologique réduite est un facteur favorable à l'extinction d'une espèce.
Les études d'ADN ont documenté les croisements entre Néandertal et *Homo sapiens*.	Cette explication est plausible selon les données actuellement disponibles.
La juxtaposition de plusieurs des facteurs énoncés pourrait expliquer l'extinction de Néandertal.	En nous basant sur les scénarios modernes d'extinction, nous savons désormais que de multiples causes — y compris les facteurs environnementaux, écologiques et populationnels — sont souvent à l'origine de l'extinction d'une espèce

L'importance de la disparition de Néandertal

La disparition de Néandertal suscite un débat passionné chez les chercheurs et les chercheuses, et les hypothèses abondent. Mais pourquoi s'intéresser ainsi au sort de cette espèce?

Avec une population mondiale s'élevant à plus de 7,6 milliards de personnes, et qui pourrait augmenter à 8 milliards d'ici 2025, selon les projections démographiques, l'*Homo sapiens* a largement dépassé la population maximale de Néandertal, estimée à 70 000. Quelle est la clé de notre succès? S'arrêtera-t-il un jour?

Étant donné que toutes les espèces humaines antérieures à la nôtre ont disparu, est-ce le même sort qui nous attend? L'exploration des raisons de la disparition de Néandertal peut nous éclairer sur les moyens, pour notre espèce, d'éviter la disparition.

Conclusion

La dynamique entre artistes et scientifiques qui s'est installée dès les premières découvertes liées à Néandertal a mené à de nombreuses interprétations erronées sur l'espèce. Cependant, de nos jours, grâce à des reconstitutions médicolégales, on peut maintenant s'attendre à des représentations scientifiquement réalistes et exactes.

Procédure de reconstruction médicolégale

Cette reconstitution d'une femme de Néandertal est l'œuvre d'Élisabeth Daynès, qui en a réalisé plusieurs autres pour des musées, à l'aide de techniques médicolégales. Ici, elle a mis à profit toutes ses connaissances pour créer cette représentation d'une Néandertalienne. De telles interprétations peuvent nous permettre de mieux apprécier notre cousin qui, s'il n'avait pas disparu, aurait pu évoluer à nos côtés.

Depuis son identification par des archéologues il y a plus de 150 ans, Néandertal exerce un grand attrait dans la culture populaire. Nous savons qu'il a côtoyé nos ancêtres *Homo sapiens*, qu'ils se sont métissés et qu'ils ont pu avoir des échanges culturels.

▲

Kinga — Reconstruction d'une Néandertalienne

Néandertal témoigne aussi de l'évolution de notre regard sur « l'Autre ». Au XIXe siècle, on le percevait comme un barbare, en bonne partie à cause de préjugés racistes et coloniaux. Aujourd'hui, les scientifiques reconnaissent davantage son humanité. Dans l'imaginaire collectif, toutefois, Néandertal fait encore l'objet de blagues.

Ainsi, une nouvelle question se pose : les constatations du XXIe siècle finiront-elles par supplanter les interprétations des scientifiques et des artistes du XIXe, ou chercherons-nous toujours à faire une distinction entre nous et « l'Autre »?

Contributions

Un projet d'une telle complexité repose sur la contribution de plusieurs spécialistes. Je suis heureuse d'avoir eu le privilège de travailler avec une équipe professionnelle et dévouée pour adapter cette exposition et produire ce catalogue. Je suis reconnaissante pour le travail mené par les membres de l'équipe responsable de l'exposition ainsi que par les gestionnaires et mes collègues du Musée canadien de l'histoire, notamment Sophie Doucet, Jean-François Léger, Mika Posen, Valérie Wagner, Stéphane Breton, Erin Wilson, April Tessier, Lee Wyndham, Mark Pearcey, Dave Deevey, Alison Smith-Welsh, Wojtek Piskorz, Caroline Marchand, Danièle Goulet et Alan Elder.

Je tiens à remercier sincèrement Marylène Patou-Mathis (CNRS-MNHN) et Pascal Depaepe (Inrap), commissaires scientifiques au Musée de l'Homme, pour leur travail exceptionnel sur l'exposition originale. Merci, également, à l'ensemble des équipes du Muséum national d'Histoire naturelle, plus particulièrement à la Direction des Publics, à la Direction des Collections, aux scientifiques ainsi qu'à l'équipe projet du Musée de l'Homme.

Toutes et tous ont joué un rôle essentiel au succès de ce projet. J'aimerais finalement remercier les nombreuses personnes ainsi que les établissements ayant prêté les artéfacts et fourni les images et les ressources qui ont permis d'enrichir l'exposition.

Sources des photos

6 Mauro Cutrona
8–9 © Luc Olivier / Musée Crozatier
11 © Muséum national d'Histoire naturelle
12–13 © Luc Olivier / Musée Crozatier
15 *(en haut, au centre et en bas)* © Muséum national d'Histoire naturelle / c-album
17 © Inrap
18 © Inrap
21 © Inrap
23 © Muséum national d'Histoire naturelle / J.C. Domenech
24–25 E. Roudier
27 The Advertising Archives
28 © RMN-Grand Palais / Art Resource, NY
30–31 E. Roudier
33 *(en haut)* © Musée national de Préhistoire (Les Eyzies) / Photo : Ph. Jugie
33 *(en bas)* Musée canadien de l'histoire / Collection Ami / 603.717
34–35 Fonds Topley Studio / Bibliothèque et Archives Canada / e002505157
36 Collection Henri-Marc Ami / Musée canadien de la nature
38–39 © CLARYS
41 *(en haut)* © Muséum national d'Histoire naturelle / J.C. Domenech
41 *(en bas)* © Muséum national d'Histoire naturelle / J.C. Domenech
43 © Illustrated London News Ltd / Mary Evans
45 © Institut royal des Sciences naturelles de Belgique / Photo : Eric Dewamme (IrSnB)
46–47 American Museum of Natural History Library / Image no 618
48–49 Bettmann / Don
50–51 Field Museum Library / Don
53 © Muséum national d'Histoire naturelle / J.C. Domenech
54 © Muséum national d'Histoire naturelle / Marthe Mulkey
55 LVR-LandesMuseum Bonn / Photo : Jürgen Vogel
56 Valentin Fischer / Université de Liège, Belgique
57 © CLARYS
59 © Muséum national d'Histoire naturelle / J.C. Domenech
61 Musée national de Préhistoire (Les Eyzies)
62–63 © CLARYS-CASTER98

65	*(à gauche)* © RMN-Grand Palais / Art Resource, NY
65	*(à droite)* © Muséum national d'Histoire naturelle / J.C. Domenech
66	Mauro Cutrona
69	© Croatian Natural History Museum / Photo : Luka Mjeda
70-71	© Muséum national d'Histoire naturelle / J.C. Domenech
72	Michel Soulier / SSAC
74-75	© CLARYS-CASTER98
76	© Institut royal des Sciences naturelles de Belgique / Photo : Eric Dewamme (IrSnB)
79	© Muséum national d'Histoire naturelle / J.C. Domenech
80-81	© Gilles Tosello
82	© Muséum national d'Histoire naturelle / J.C. Domenech
84-85	© Musée national de Préhistoire (Les Eyzies) / Photo : Ph. Jugie
86	© Institut royal des Sciences naturelles de Belgique / Photo : Eric Dewamme (IrSnB)
88	© Joe McNally / NGS
90	© C. Devleeschauwer / Musée des Beaux-Arts de la Ville de Reims
91	© CLARYS-Cité de la Préhistoire Aven d'Orgnac, 2013
92	© Muséum national d'Histoire naturelle / J.C. Domenech
94	© Atelier Daynès
95	© Atelier Daynès
96	© Atelier Daynès
97	© Atelier Daynès
98	© John Gurche, 2019
101	Frank Vinken, pour la Max Planck Society
103	© Joe McNally / NGS
105	Groupe Paléoanthropologie / MNCN-CSIC
106	Tomislav Kranjčić / CC BY-SA 2.0
114-115	© Atelier Daynès
116	© Muséum national d'Histoire naturelle / J.C. Domenech